ENTAIRE.

X 25.696

AF340808

ENSEIGNEMENT MIXTE.

LEXICOLÉGIE

OU

DIFFICULTÉS DE LA LECTURE,

classées, graduées, expliquées,

Complément nécessaire, indispensable,

A TOUTE MÉTHODE DE LECTURE,

et particuliérement

A LA MÉTHODE DE PEIGNÉ,

Par François GIRARD, Instituteur,

Ancien Élève de l'École Normale des Deux-Sèvres.

DÉPOT-LÉGAL
DES DEUX-SÈVRES
N° 41
1855

SE TROUVE :

Chez les principaux Libraires du département.

ENSEIGNEMENT MIXTE.

LEXICOLÉGIE

ou

DIFFICULTÉS DE LA LECTURE,

classées, graduées, expliquées,

Complément nécessaire, indispensable,

A TOUTE MÉTHODE DE LECTURE,

et particulièrement

A LA MÉTHODE DE PEIGNÉ,

Par François GIRARD, Instituteur,

Ancien Élève de l'École Normale des Deux-Sèvres.

Saint-Maixent,

IMPRIMERIE DE REVERSÉ.

1855

Chaque exemplaire porte la signature de l'auteur.

PRÉFACE.

L'expérience que j'ai acquise dans l'enseignement de la *Lecture*, m'autorise à croire que de toutes les nouvelles méthodes de lecture qui existent en si grand nombre aujourd'hui, depuis celle de *Peigné* jusqu'à celles de *Bahic* et de *Michel*, deux des dernières publiées, il n'en est pas une seule, qui, parcourue même sous la direction du maître le plus habile, mette l'élève, si intelligent qu'il soit, en état de pouvoir lire à *livre ouvert*, c'est-à-dire lire *couramment* le premier morceau de lecture venu. Je crois, dis-je; si je ne craignais de passer pour présomptueux, je ferai plus, je dirai qu'à cet égard je suis profondément convaincu.

La méthode de Peigné, la plus répandue encore, est celle que j'ai continuellement fait suivre, et je crois avoir une assez juste idée de la valeur de cette méthode : Or, *la* prenant pour terme de comparaison, j'ai pu, sans les expérimenter, *estimer*, par un simple examen, chacune des autres (les principales du moins), que je me suis procurées ou que l'on m'a procurées.

Telle méthode relativement à telle autre m'a, il est vrai, présenté du bon : Celle-ci, par exemple, m'a paru préférable à celle-là sous le rapport de la classification des difficultés...; mais toutes, à mon avis, pèchent par le même côté, en deux points essentiels : *exercices trop peu étendus* sur quelques difficultés importantes, d'une part; de l'autre, *omission* de certaines difficultés ou de certaines des différentes formes sous lesquelles peut se présenter telle difficulté.

Les auteurs semblent avoir à l'envi cherché de plus en plus à restreindre le cadre de leurs méthodes, visant sans doute à économiser du temps ou à encourager l'élève par la perspective d'un petit nombre de tableaux *à passer pour être dans les livres* (selon le dire des enfants). L'idée est bonne; mais il est une chose qu'il ne faut pas perdre de vue : c'est que l'enfant *routine* et finit d'apprendre à lire avec *perte de temps*, dans le livre de lecture courante, quel qu'il soit, qu'on lui met entre les mains, au sortir d'une méthode trop abrégée et présentant des lacunes.

Il ne peut en être autrement; car, dans la lecture courante, les difficultés que l'enfant n'a pu aborder dans la méthode, parce que la méthode les a passées sous silence, l'arrêtent tout court bien longtemps; celles qu'il n'a pu faire qu'ébaucher, continuent de l'embarrasser; or, malgré toutes les explications que peut donner le maître, comme ces difficultés se présentent maintenant *pêle-mêle* et de *loin en loin*, l'enfant forcément finit d'apprendre à lire par *routine* : Ce n'est qu'à force de retrouver les mêmes mots qu'il est parvenu à les lire, et encore comment les lit-il?... il les a tant de fois vus et on les lui a prononcés tant de fois qu'il a fini par les reconnaître à leur forme, à leur forme seulement, dans leur tout, mais non dans leurs éléments.

Donc, laissant telles qu'elles sont les méthodes de lecture qui existent, il faut, selon moi, au sortir de l'une quelconque d'entre elles, mettre entre les mains de l'élève, pour le conduire promptement et avec succès à la lecture à livre ouvert, non pas un de ces nombreux petits livres d'historiettes, mais un ouvrage *intermédiaire, complémentaire,* où les difficultés matérielles de la lecture soient encore rigoureusement classées, graduées, et présentées dans des phrases courtes, variées, attrayantes, ayant un sens facile à saisir.

Un vif désir de faciliter l'enseignement de la lecture, si pénible et si fastidieux à la fois, m'a fait prendre assez de patience pour arriver à produire un travail de ce genre, tel que je le conçois, et m'a donné assez de hardiesse pour publier cet ouvrage dont le plan est entièrement neuf.

Je crois fermement avoir atteint le but que je me suis proposé : Je suis persuadé, j'ose le dire, qu'en faisant soigneusement suivre mes exercices à nos élèves sortis de la méthode, nous ne manquerons pas de les mettre promptement à même de lire couramment, de défricher immédiatement tous les mots qui se présenteront dans une lecture quelconque.

J'espère bien que les instituteurs, ainsi que les insitutrices, ne dédaigneront pas d'expérimenter l'ouvrage d'un confrère ; j'aime à croire même que, mettant de côté tout amour-propre, ils lui accorderaient, dans tous les cas, la préférence sur tout autre sortant d'une main *étrangère*.

Je me dispense d'exposer ici la disposition de mon travail : Comme tout lecteur expérimenté dans l'art d'enseigner à lire peut facilement s'en faire une idée nette pour peu qu'il veuille bien jeter les yeux sur le texte, ce serait superflu. Pourtant il ne me semble pas inutile d'appeler d'avance toute l'attention du lecteur sur certains points importants qui pourraient bien lui échapper dans un léger examen, et que voici :

1º Tous les cas de difficultés, sous toutes leurs formes, que présentent les *sons* et *articulations bigrammes*, les lettres *nulles* et les lettres à *valeur exceptionnelle*, ont été soigneusement appliqués.

2º Ont été employés un très-grand nombre de mots différents

dans lequel dominent les plus usuels : Cela seul suffirait pour donner à mon travail un avantage immense sur tout ouvrage d'historiettes, mis entre les mains de l'enfant, à sa sortie de la méthode.

3º Chaque exercice, tout en roulant d'une manière particulière sur une difficulté nouvelle, peut être considéré comme une récapitulation générale de toutes celles qui ont été vues jusque-là, de sorte que les deux ou trois récapitulations spéciales qu'il y a ne sont que d'une importance secondaire.

4º Enfin, les règles qui sont consignées à la fin de l'ouvrage sont à l'usage du maître, qui pourra y puiser les explications qu'il jugera convenable de donner pendant la leçon.

LEXICOLÉGIE

DIFFICULTÉS DE LA LECTURE,

classées, graduées, expliquées.

AVIS.

— Passé le 17me tableau de la méthode de Peigné, on pourra mettre la *Lexicolégie* entre les mains des élèves et les exercer de temps à autre dans le 1er chapitre et même dans les sons bigrammes ordinaires, jusqu'à ce qu'ils soient arrivés au 27me tableau, où à proprement parler la méthode se termine, et où ils devront l'abandonner pour ne lire exclusivement que dans la *Lexicolégie*.

— En parcourant une première fois la *Lexicolégie*, passer tout le temps de la leçon sur le même exercice (s'il roule, toutefois, sur une difficulté nouvelle), et procéder de la manière suivante :

Commencer par faire lire à chaque élève de la section ou du groupe la *substance* de l'exercice. (J'appelle ici substance les sons, syllabes ou mots détachés qui figurent en tête des exercices).

Puis faire lire à chaque élève son verset.

Si, l'exercice étant parcouru une fois, la leçon doit durer encore, le faire parcourir de nouveau, mais de manière que chaque élève lise un verset autre que celui qu'il a lu la première fois; ainsi de suite.

CHAPITRE PREMIER.

EXERCICES SUR LES SYLLABES SIMPLES (1),
— SUR LES LETTRES Y, Œ, X, K, —
SUR LES DIPHTHONGUES.

(Introduction).

1er *Exercice.*

1. La prune mûrira; madame a bu du râpé; la salade du dîné.

2. L'élève sera puni; Victor a sali sa cravate; la culture du sol.

3. Anatole sortira par la

(1) J'appelle ici syllabes simples, les syllabes dans lesquelles il n'entre ni son, ni articulation bigramme, ni son composé, ni lettres nulles, ni lettres à valeur exceptionnelle.

porte; la fête sera mardi; du sucre sur la crêpe.

4. Le père d'Emile; Justine a regardé; le costume du prêtre.

5. La carpe va frire; la robe du curé; l'arbre brûlera.

6. Abolir la torture; il a absorbé sa fortune; la bride de ta mule.

7. Une juste sévérité; le baromètre portatif; la cocarde tricolore.

8. Une larme de ma mère; le livre de l'école, le canif de Victor.

9. La table de marbre; une gravure admirable; il a été écartelé.

1*

10. Sortir de la cabane; le navire se retire de la côte; la dureté du métal.

2me *Exercice*.

11: Le culte de la divinité; dormir sur le canapé; il a ré-primé la révolte.

12. Le sabre du caporal; la pipe de papa; la tête de Médor.

13. L'âne du pâtre; la porte du local; le parasol de Jacob.

14. Le caractère de Sara; Agar finira sa bordure; Ana-tole fera la culbute.

15. Le stère égale le mètre cube; le tigre a dévoré le

castor; le problême soluble.

16. Le mastic de la vitre; Victor va revenir; la probité de madame Pascal.

17. Le vil animal m'a mordu; Azor a avalé de l'arsenic; la lézarde du mur.

18. Revenir à la dictature; il a salé la sardine; l'animal carnivore.

19. Il a délivré le captif; la prospérité de l'agriculture; l'éclipse de lune.

20. Le lustre de ta robe; l'ordre public; l'oracle prédira; Brutus a frémi.

3ᵐᵉ *Exercice* (1).

$$y \ - \ œ \ - \ x \ - \ k$$
i   é   cs   c

$$ty \ - \ fœ \ - \ xi \ - \ ka$$

21. Le périmètre du polygone ; la taxe de la farine ; l'œdème a crevé.

22. Le style sublime ; il a bu du café moka ; Félix ira à Vitry.

23. Le martyr calviniste ; une fête fixe ; OEdipe a pénétré le mystère.

24. Lévy portera l'uniforme ; une maxime sévère ; l'uniformité du système.

(1) J'ai cru devoir, avant d'aborder les difficultés, exercer particulièrement l'élève sur ces quatre lettres, en vue de la méthode de Peigné, qui les emploie trop tard et qui en parle trop à la légère. Ces signes auraient dû être mis au rang des autres.

25. Il partira de Kiva; le sycomore, sorte d'érable; René a vu la pyramide.

26. Rémy a bu l'élixir; le degré du pyromètre; une figure oxygone.

27. La proximité de l'école; du platine oxydulé; l'œnomètre d'Alix.

28. La forme du fœtus; madame de Valmy; le demi-kilo.

4me *Exercice.*

ia - iè - io - ui - ué - ua
fia - miè - rio - tui - lué - rua

29. Une forte fièvre; du suif avarié; une fiole de vitriol.

30. Il a pitié de lui; détruire l'animal; Rémy a tué le lièvre.

31. Une lanière de cuir; Lévi remua la litière; l'amitié d'une mère.

32. La tiare du pape; le local agréable; le jury se réunira.

33. La bariolure du costume; la dorure de la tabatière; Caroline a la pituite.

34. La petite salière; du ratafia sucré; la pâte va cuire.

35. La lumière de l'astre; Justine sera altière; de l'alcool falsifié.

36. Porte de la bière à la cave; le fiacre partira à la mi-

nute; une truite de la rivière.

37. Dupuy fera diète; Zoé sera discrète; d'une manière joviale.

38. Victorine a salué madame; une maladie griève; la portière s'écria.

5me *Exercice.*

39. Devenir myope; la clarté de la lune; le piano de Zoé.

40. L'étui de Léopold; la lyre de David; la fixité de l'or.

41. Le météore luira; Lévi obéira; le remède laxatif.

42. De l'écriture bâtarde; David sera le marié mardi; le patriotisme du soldat.

43. L'obscurité de la nui*t*;
le kilolitre de bière; la fluidité
de l'alcool.

44. Caroline a tricoté; Jules
va à l'école gratuite; le poète
a déclamé.

45. Une posture ridicule;
la sépulture du cardinal; prête
ta sablière à Victor.

46. Victorine a retordu le
fil; Léopol*d* ira à la rivière;
Adèle a vu une petite bête sur
sa robe.

47. Madame se lèvera à
midi; Jule*s* a tiré la corde;
ma mère a de la pâte de ju-
jube.

48. Aristide fera sa prière;
Léoni*e* sera fière de sa robe;

Lévi a-t-il lu l'épître ?

49. Le diamètre du globe; Jules a tué la petite bête; Diane a levé le lièvre.

50. Julie a juré d'obéir à sa mère; samedi le blé sera taxé; Ludovic a vérifié le problême de Félix.

CHAPITRE II.

SONS ET ARTICULATIONS BIGRAMMES.

(1re classe de difficultés).

SONS BIGRAMMES ORDINAIRES.

6me *Exercice.*

on - ou - oi - an - un - eu - in
ton-dou-roi-pan-cun-jeu-fin

1. Antoine a vu l'étoile filante ; Alix a vu l'étoile du matin ; la moitié de douze.

2. La moitié de onze ; la route de Loudun ; il a vu le pinson tarin.

3. Le joli pantalon de nankin; Maximin récoltera de bon vin; il a tué le lapin.

4. L'axe du monde; ma tante défunte; la meule du moulin.

5. La route conduira à Angoulême; à moi la victoire! on fera de la soupe.

6. Va courir sur la route; Retire-toi du jardin; la poule a pondu.

7. La voiture roule sur la route; voilà la demeure du curé; papa a une tabatière neuve.

8. Ma tante a été malade; Antonin a une cravate de satin; Lévi a obéi à son père.

9. La comète a paru lundi; la cane pondra mardi; jeudi on dansera.

7me *Exercice*.

**oui - oin - ian - ieu - yon
toui - poin - rian - vieu - lyon**

10. La route de Lyon; un bon témoin; une pointe à tête ronde.

11. Madame va s'évanouir; Léon a une figure riante; l'inférieure obéira à la supérieure.

12. La boule roulera loin; Dieu écoutera ta prière; Léontine a réjoui sa mère.

13. Le trône de Napoléon;

le jour va poindre; le jeune Carion écrira lundi.

14. La viande cuira dans la marmite; ton frère a prié le bon Dieu; le coin du mur.

15. Il a voulu joindre une poire; Antoine a vu le Kabin; la santé de maman se rétablira.

8me *Exercice.*

coir - tour - neur - sieur
fouir - troi - brou - pson
fleu - stron - pleur - cloir
vreur - cleur - spoir - tran

16. La fluxion de poitrine; le cultivateur a récolté du blé; on plantera de la salade.

17. Le fleuve sera naviga-
ble; une bordure droite; le
contour du triangle.

18. La sanglante dispute;
Gaston a retrouvé son livre;
un substantif masculin.

19. Le racloir du ramo-
neur; une porte étroite; l'a-
mitié inconstante.

20. Le poltron a peur; un
pouvoir ébranlé; la profon-
deur du trou.

21. Constantin ira à Du-
blin; la grandeur de l'angle;
le fleuve Méandre.

22. Justine a vu le joli mi-
roir; Dieu punira le voleur; le
couvreur montera sur la toi-
ture.

23. Le plastron de ma-
dame; le facteur porte le
journal; l'instituteur instruira
Victor.

24. Il a planté l'arbre dans
la cour; André a une glande
sur le cou; la gourmande
avalera la prune.

25. Le jongleur fera un
tour; Victoire sera blonde; le
voleur sera écroué.

SONS BIGRAMMES ÉQUIVALENTS.

9me *Exercice.*

ai - en - ei - au - œu - ay
 è   an   è   ô   eu   è

fai - j'en - rei - pau - vœu - tay

26. Le notaire va faire

l'acte; un vœu témé raire; la grande rei ne de Suède.

27. Le bré viai re du vénérable pasteur; un témoin oculai re; l'au rore boréale; le men teur sera puni.

28. Une fleur de mau ve; le trou de la taupe; un maî tre d'école; l'énormité de la balei ne.

29. La pen sion du militai re infirme; le cristal de la fontai ne; une grande ma nœuvre.

30. Une pauvre men dian te; Pauline fera l'aveu de sa faute; il y a loin de Pékin à Nankin.

31. La gloire de notre divin Sau veur; Madelei ne dira la

vérité; un vœu de ma défunte mère.

32. J'au rai de l'en cre pour écrire; Caroline a voulu paraître savante; l'aigle a poursuivi le vau tour.

10me *Exercice.*

am - em - om - im - um
an   en   on   in   un
ram - sem - pom - tim - fum

33. L'em pire tom bé; la tem pérature de l'été; une pom pe foulante; j'aurai une grande peine.

34. Une victoire im portante; le style simple; le tem ple du Sauveur.

35. La neuvième o lym pia-

2*

de ; madame de Pompadour ; on récompense le mérite.

36. La tombe de mon pauvre père ; la veine de la tempe ; la colombe roucoule.

37. La pompe aspirante ; l'Empereur, notre maître ; le menteur aura lieu de se repentir.

38. Va-t-en dormir à l'ombre ; l'imprudente Adèle a coupé une fleur ; la bombe a éclaté.

39. Dieu entendra le menteur, il le punira ; Napoléon fera renaître l'empire ; j'ai senti le parfum de la fleur.

40. Pauline a une douleur à la jambe ; la bombe a tué le

militaire ; la co lombe s'envole à tire-d'aile.

11me Exercice.

stau - vrai - plei - tren - splen l'air - sœur - trom - cram - clair

41. Le défenseur plai dera ; l'âne va brai re ; la croupe du bœuf ; la robe de Madeleine.

42. L'œu vre du Créa teur ; la trom be marine ; on va te surpren dre.

43. Punir le mal faiteur ; la plei ne soupière ; Léon a prou-vé le contrai re.

44. Clau de aura la migrai-ne ; la froidure du matin ; au clair de la lune.

45. La poule a pondu l'œuf ;

com plaire au roi; avoir l'air d'être gai.

46. Trente ou une tren tai-ne; Justine a trem pé la soupe; ma sœur a mal au cœur.

47. Je ton drai le mouton noir; Aristide a l'air de com-pren dre; de la grai ne de colza.

48. Auguste pleure son maître; ta sœur pren dra un remède; le trom peur sera trompé.

49. Olympe a la cram pe; la splen deur de la cour; le traî tre a voulu pren dre la fuite.

ARTICULATIONS BIGRAMMES.

12ᵐᵉ *Exercice.*

ill - gn - ch - ph - qu

illa - gné - chi - phè - que

illar - gnol - chir - phal - qu'il

50. Le riche propriétaire; son pantalon mouillé; une sévère enquête.

51. Le chemin aligné; l'embouchure d'un canon; l'épitaphe de la tombe.

52. La mèche du lampion; la moitié de quarante; la feuille de l'omphalode.

53. Un parti acharné; le demi quarteron; la limpidité du chyle.

54. La marmite va bouillir; notre cheval borgne; une aile de mouche; le maître enseignera.

55. Le salaire du vigneron; un signe du zodiaque; le livre qu'il a acheté.

56. Une dame de qualité; le char triomphal; une branche de chêne.

57. Le joli peigne d'ivoire; l'empereur Charlemagne; une veine lymphatique.

58. Léopold, empereur d'Autriche; la souche du chêne fera du feu; notre lampe a manqué de mèche.

59. La vapeur de charbon; Adolphe a cru devoir ré-

flé chir ; le man che de la cu illère.

60. So phie blan chira son fi chu ; l'équi noxe aura lieu diman che ; la va che laitière.

61. Le maré chal co gne sur l'enclume ; file ta quenou ille, ma chè re Laure ; la cha rité publi que.

13ᵐᵉ *Exercice.*

illon - gneu - choi - phan
quai - sque - illeur -gnoir
cheur - sphè - queur - phra

62. Mon capu chon déchi- ré ; la bai gnoi re de ma tante ; l'écume du bou illon.

63. J'ai bu de la li queur

forte; son lorgnon neuf; va faire le quan quan.

64. Le repentir du pé cheur; un bro dequin troué; j'aime l'odeur du cam phre.

65. Le mou sque taire de la reine; le bata illon a été mi-tra illé; Oscar, le bon mar-cheur.

66. Le rude cham pion; il a voulu rompre la chaî ne; le globe ou sphère.

67. Le ca illou diapha ne; la chan son de Philomèle; une grande quan tité de blé.

68. Un méda illon de cui-vre jaune; la cham bre du capitaine; le dau phin, mon-stre marin.

69. Mon père a vendu le co chon ; Madame prendra son man chon ; lor sque maman voudra.

70. La bonté du Seigneur, notre Dieu ; le quai de la rivière ; le trava illeur infatigable.

RÉCAPITULATION.

14ᵐᵉ *Exercice*.

71. On vante la conduite de ton frère ; Emile a demandé pardon ; Clémentine finira la couture du pantalon.

72. Léon fera son devoir lundi ; mardi, il ira à la promenade ; Dieu pourvoira à l'avenir du juste, il le bénira.

73. Aristide a un pantalon bleu; la garde impériale fera preuve de bravoure; j'aurai une récompense pour avoir sauvé mon camarade.

74. Antonin a trompé son père, il aura lieu de s'en repentir; le capitaine a maltraité le roi captif; la plume du dindon vole en l'air.

75. La paille fera de la litière au cheval; invoque Dieu au nom du Sauveur; Paul aura une conduite régulière.

76. Alphonse a trouvé une châtaigne sur le chemin; la chèvre broutera la feuille de l'aubépine.

77. Le triomphateur a mon-

tré de la grandeur d'âme; Napoléon gagna la grande bataille d'Iéna.

78. Raoul a acheté un cheval de carton; mon camarade Félix demeure en Bourgogne, j'irai le voir la semaine prochaine.

79. Chante-moi une chanson, camarade; j'ai vu le requin que Jérôme a tué; René aime la soupe à l'ognon.

80. Le barbouilleur taille mal sa plume; aime le Seigneur, le Seigneur te bénira.

81. André a porté le chaudron sur le feu; Gaston a été ébloui; Victor a lu un chapitre.

CHAPITRE III.

LETTRES NULLES.

(2me classe de difficultés).

PRONONCIATION EXCEPTIONNELLE DES MONOSYLLABES *les*, *des*, *mes*, *tes*, *ses*, *et*, *es*, *est*. — NULLITÉ D'UNE SEULE LETTRE A LA FIN DU MOT.

(Voir § 1er).

15me *Exercice.*

les^(1) – des – mes – tes – ses

ê　　　ê　　　ê　　　ê　　　ê

et – tu es – il est

é　　　ê　　　ê

palais – sérieu*x* – arden*t*

placar*d* – mani*e*.

1. Mes chou*x*, tes soin*s*, ses vœu*x*. Les

(1) En apprenant à lire les monosyllabes *les*, *des*, *mes*, etc., les enfants sont tentés d'abord, tout naturellement, de pro-

dons, des rois, tu es pris. Il est so*t*, un chat et un ra*t*.

2. Ses noi*x*, tes lapins, me*s* repa*s*. Tu es sour*d*, des don*s*, les pois. Ils font et ils von*t*, il est gran*d*.

3. Il est vieu*x*, Jule*s* et Mari*e*. Les pôle*s*, des cordes, tu e*s* méchan*t*. Mes corme*s*, tes carte*s*, ses danse*s*.

4. Les fau*x* prophètes. Aime*s*-tu les chou*x* ? Jule*s* est for*t*. Leur*s* journau*x*.

5. Amédé*e* est gourman*d*. Ils gagneron*t* gros. Il a chau*d* et froi*d*. Ses cheveu*x* noirs.

6. Nos pratique*s*. L'armé*e* des Bédouin*s*. Charle*s* est peureu*x*. Loui*s* et Juli*e*.

7. Mes poire*s* jaune*s*. Les cantiques sa-cré*s*. Se*s* livre*s* tou*t* doré*s*. Te*s* pantalon*s* neuf*s*.

8. Mes bijou*x* et tes couleur*s*. Mon sabo*t* a des clou*s*. Le peti*t* Renau*d* e*st* très-poli.

<hr>

noncer de la même manière les syllabes finales *les*, *mes*, *des*, etc. ; or, à cet égard, il suffit de leur faire observer que *les*, *mes*, *des*... ne se prononcent *lé*, *mé*, *dé*... que lorsque ces syllabes sont seules, isolées ; mais qu'elles se prononcent *le*, *me*, *de*... (*s* étant nul) lorsqu'elles terminent les mots.

9. **Les voleurs** se son*t* **cachés** dans la forê*t*. J'ai emporté mes livres et ses plumes. Notre cha*t* pren*d* des souris.

10. Mes lapins on*t* fai*t* des trous dans leur toi*t*. Mon frère finira ses devoirs, il est laborieu*x*.

16me *Exercice.*

étan*g* – plom*b* – cham*p*
bari*l* – soiré*e*

11. Du taba*c*, une dent, du lard. Un ran*g*, du plom*b*, une grue. Le poin*g*, un cheni*l*, du fard.

12. L'outi*l*, du san*g*, une pie. Une nué*e*, la rou*e*, un grabat. Le bour*g*, le fond, une garanti*e*.

13. Tu es méchant. Le bari*l* est vendu. Une joli*e* poupé*e*. Les riches propriétaires.

14. Un faubour*g* de Paris. Le banc et la table. La proi*e* de l'animal. Emélie pleurait.

15. Conduis les bœufs au cham*p*. Je vous salu*e*, madame. Mes frères sont partis.

16. Edouard salue tout le monde. Sois prudent, mais ne sois pas méchant. Ma chambre a trois mètres de long.

17. Dis-moi qui a pris l'abricot dans le jardin. Si Louis étudie, il aura la croix. Les traîtres seront pendus.

18. Julie a pris dix noix et quatre prunes dans le placard. Amédée demeure en Normandie, au bourg d'Argoly.

19. Tes robes sont fraîches. Une poire est tombée sur la tête de Marie. Les chevaux de Nicolas vont toujours au galo*p*.

NULLITÉ DE DEUX (ET MÊME TROIS) LETTRES
CONSÉCUTIVES A LA FIN DU MOT.
(Voir § 2).

17me *Exercice.*

sabo*ts* – canar*ds* – poin*gs*
tortu*es* – doi*gts*

20. Des li*ts*, ses toupi*es*, les cam*ps*. Mes fon*ds*, vos regar*ds*, nos poin*gs*. Les solda*ts*, les ru*es*, aux cham*ps*.

21. Des statu*es*, quatre-vin*gts*, les taba*cs*. Te*s* joli*s* sabo*ts*. Ses gran*ds* cheveu*x* blon*ds*.

22. Des prairi*es* fauché*es*. On punit les gourman*ds*. Je ven*ds* des fleurs bleu*es*. Les bari*ls* de poudre.

23. Quatre-vin*gt*-dix brigan*ds*. Des soi-ré*es* d'agrément. Les marchan*ds* en gros. De lon*gs* doi*gts*.

24. Les départemen*ts* du nord et du sud. Les grelo*ts* du cheval. Des travaux délica*ts*. Les peti*ts* cha*ts*.

25. Des chambres garni*es*. Des brebis tondu*es*. Les frui*ts* sont mûrs. D'agréables compagni*es*.

26. Tu répon*ds* trop brusquement. Deux canar*ds* blan*cs*. Des manda*ts* signés. Les candida*ts* timides.

27. Des vagabon*ds* poursuivis. On fuit les bigo*ts*. Lévi chéri*t* ses paren*ts*. Quatre propriétés vendu*es*.

28. J'aime fort les fleurs panaché*es*. Tu ne me compren*ds* jamais. Marie et Louis sont deux gran*ds* gourman*ds*.

29. Jules est trop fainéant. Tu ba*ts* souvent ton frère, m'a-t-on dit, méchant que tu es!... pourquoi donc le ba*ts*-tu?

NULLITÉ DE *nt*, *ent*, A LA FIN DU MOT.

(Voir § 3).

18me *Exercice*.

ils parle*nt* – ils voulure*nt*

ils tardère*nt* – ils venai*ent*

ils déploi*ent* – ils pri*ent*

30. Ils parle*nt* toujours. Ils voulaient partir. Qu'ils chante*nt* mal! S'ils pouvaient venir.

31. Ils danse*nt* trop. S'ils veule*nt* dormir. Ils se rendraient tout de suite. Ils plante*nt* des salades.

32. Je veux qu'ils le sache*nt*. Il faut qu'ils le veuill*ent*. Ils déploi*ent* l'étendard. Ils gagnaient du temps.

33. Les cochons grogne*nt*. Il faut qu'ils

tombe*nt*. Ils sacrifi*ent* tout. Ils tremblai*ent* de peur.

34. Les loups dévore*nt*. Les chevaux galope*nt*. Les vaches beugle*nt*. Ils dînai*ent* trop tard.

35. Ses chèvres broutère*nt*. Les troupes se retire*nt*. Les Polonais conquérire*nt*. Les coqs chante*nt*.

36. Mes parents qui pleurai*ent*. Les pauvres qui mendiai*ent*. Les témoins qui parlère*nt*.

37. Ils criai*ent* à tue-tête. Ils dansère*nt* long-temps. Des montagnards qui jouai*ent*. Les poules ponde*nt*.

38. Ils lui tâtai*ent* le pou*ls*. Les lapins qui courai*ent*. Mes parents travaillai*ent*.

39. Ils fume*nt* leurs pipes. Des marmots qui sautai*ent*. Les cultivateurs laboure*nt*.

40. Qu'ils ne soi*ent* pas méchants. Ils voulai*ent* boire. Ils coupe*nt* le froment. Un vêtement chaud.

41. Un violent tremblement. Va faire boire la jument. Le mouvement des troupes.

42. Gaspard est turbulent. Tu es mon parent. Il est laborieux et prudent. Je suis très-content.

43. Les laboureurs gagne*nt* leur vie à la sueur de leur front. Il faut que tous les enfants soi*ent* polis. Elie et Clément parle*nt* rarement pendant le repas.

EXERCICE PARTICULIER SUR LA LIAISON DES MOTS.

(Voir § 4).

19me *Exercice.*

44. Les $_z$ignorants. De fameux $_z$écrits. Un grand $_t$ évènement. Ils revinrent $_t$ ensemble.

45. Ils $_z$arpentèrent. De nombreux $_z$amis. On $_n$ a dit que... Nous $_z$ écrivons. Le bon $_n$ enfant.

46. Ses $_z$outils. Un $_n$ avocat

qui plaide. Deux $_z$ ou trois $_z$ a-nimaux. Des $_z$ yeux $_z$ égarés.

47. Il est trop $_p$ élégant. J'ai neuf $_v$ ans $_z$ et demi. Un long $_g$ ar-ticle. Un $_n$ énorme lièvre.

48. Il faut $_t$ en $_n$ avoir soin. Je pense aux $_z$ autres. Du ta-bac $_c$ à volonté.

49. Son $_n$ ami fidèle. Il croit $_t$ à tout. Ils $_z$ étaient $_t$ en route. De vieux $_z$ animaux.

50. J'ai lu ses œuvres complètes. Gàs-pard a acheté un bon instrument. Tu iras au marché.

51. Elie a les cheveux épais. Nous nous informerons de leur santé. Venaien t-ils ou ne venaien t-ils pas?

52. Ils avaien t empli leurs poches. De grandes épidémies ont régné en Europe. On t-ils peur, et se cachen t-ils?

53. Les élèves étaient en retard. On avait parlé trop tôt. Le loup est un animal carnivore.

54. Il répond et se lève. Voilà des enfants imprudents. Ils me demandèrent à boire sans avoir soif.

55. Paul et David sont grands amis. As-tu vu le grand arbre du jardin? On était prêt à partir.

56. Nous avons vu un âne qui portait trois enfants. Crois en Dieu, mon enfant, si tu veux être sauvé.

57. En deux ans, Julie a fait toutes ses études. Il ne veut pas suivre les bons avis de son oncle, l'étourdi!

---

h NULLE.

(Voir § 5).

20me *Exercice.*

hi – ha – ho – heu – hou – ah

lheur-thé-chro-rhé-coho-d'hé

58. L'habit noir de mon oncle. Un grand

malheur est arrivé. La *H*ongrie dépend de l'Autriche.

59. Une figure de r*h*étorique. J'ai grand mal à la *h*anche droite. T*h*éophile a une maladie *ch*ronique.

60. Les bons fils rendent leurs pères *h*eureux. La *h*auteur de l'arbre est de *h*uit mètres et demi. T*h*éodore est *h*ardi.

61. *H*enri a un fort r*h*ume. Le capitaine s'est rendu sur le t*h*éâtre de la bataille. Les soldats ont fait *h*alte.

62. Nous avons emporté les *h*arnais des chevaux. Il a obtenu de forts *h*onoraires. *H*élène a une triste *h*abitude.

63. Il*s* entendirent des sons *h*armonieux. J'ai goûté du *h*areng blanc. Le *Ch*rist est mort sur la croix.

64. Le *ch*lore est un corps gazeux. *H*ortense préfère le t*h*é au café. T*h*éodore a trouvé un nid dans la *h*aie.

65. Cat*h*erine est toujours d'une *h*umeur gaie. Heureux l'enfant qui prie Dieu *h*umblement.

66. As-tu l'*h*istoire de nos grands rois? Christophe a deux habits tout neufs. Félix est *h*ors d'*h*aleine.

67. A-t-il semé les *h*aricots? Je ferai mon t*h*ême tout à l'heure. Mal*h*eur à quiconque s'*h*abitue à mentir.

DE DEUX ARTICULATIONS IDENTIQUES CONSÉCUTIVES, LA PREMIÈRE NULLE.

(Voir § 6).

21ᵐᵉ *Exercice*.

mo*l*le – ba*t*tu – po*m*me

sa*b*bat – fra*pp*é – l'o*ff*re

ca*n*ne – i*m*mense – cai*s*se

a*gg*ravé

68. Sophie m'a fra*pp*é. La bo*n*ne bou*ss*ole du navigateur. Deux notes qui forment un accord parfait.

69. Les moi*ss*o*n*neurs coupent le seigle. On a vendu du poisson frais. Henri a été atta*q*ué injustement.

70. Le chasseur a tué une grosse bécasse. Charles accomplira une mission importante. Ils passaient leur temps.

71. La jeune Octavie est remplie d'une sotte vanité. Ira-t-on à la chasse aujourd'hui? Le fidèle commissionnaire.

72. Il faudra qu'ils se lassent. La graisse de porc est blanche. Le tempérament de Théophile s'est fort affaibli.

73. Il fait dans la classe un bruit insupportable. Vois donc le ballon qui s'enlève. L'immensité de l'étendue.

74. Le chagrin accable sa pauvre mère. Hélène est tombée dans le bassin. Le lait de vache fait du beurre.

75. Au printemps les arbres poussent. La poissonnière vend des huitres fraîches. Nous devons tenir à l'honneur.

76. Les rossignols chantent dans les haies. Tout le monde aime les pommes. La gloire de Dieu est immense.

a NUL, PRÉCÉDANT LE SON *in*. — *e* NUL, PRÉCÉDANT
LE SON *in*, — PRÉCÉDANT LE SON *au*.

(Voir § 7).

22me *Exercice.*

*a*in   –   ein   –   eau
p*a*in   –   tein   –   beau
cr*a*in   –   frein   –   vreau

77. Le poul*a*in de la métairie. Un peintre habile est arrivé dans la ville. A qui est le couteau?

78. Le vieux sacrist*a*in sonne les cloches. Chante le refr*a*in de la compl*a*inte. Les tableaux noirs de la classe.

79. L'armée est atteinte d'un grand fléau. Entends-tu les taureaux qui beuglent? De la teinture bleue.

80. Un lourd marteau frappe sur l'enclume. Les drapeaux tricolores flottent de toutes parts. Le pain est-il cuit?

81. Aujourd'hui il fait un temps serein.

Il y a de bon regain dans le prairie. Une profonde empreinte.

82. Comme tout est beau dans la nature! Jeanne fera sa première communion dimanche prochain. Le lendemain de la fête.

83. Lucain aime fort les gâteaux. Marie aime beaucoup le tourteau. Un maître qui se fait craindre.

84. On a fauché le regain du grand pré. Le lendemain de Pâques on se réjouit. Les eaux de la prairie coulent dans le ruisseau.

85. Les malheureux demandaient du pain aux portes. Les Américains habitent l'Amérique. Théodore a tué un crapeau.

NULLITÉ DE *u* APRÈS *g*.

23ᵐᵉ *Exercice.*

(Voir § 8).

gue – gué – gua – guir
gues – gueur – guai – guin
guant – guaient

86. Antonin se distingua dans ses études.

7. Les deux braves enfants courent de toutes leurs forces vers le vieillard : C'est Pierre qui arrive le premier. Il s'empresse de prendre le bâton et de le mettre dans la main du brave homme.

8. « *Merci,* dit le bon vieillard, en leur caressant la joue tour à tour de sa main sèche et tremblante, *mille fois merci, petits amis ; que le Seigneur vous bénisse et vous conserve !*

ERNESTINE LA MÉCHANTE.

1. L'autre jour, il est arrivé un grand malheur à Ernestine. Elle avait encore fait quelque sottise, et sa mère l'avait mise en pénitence dans la chambre.

2. Seule, Ernestine n'était pas restée long-temps en paix, et, selon sa bonne habitude, elle était allée jouer autour de la cheminée.

3. Ernestine, Cendrillon ressuscité, approche trop près des tisons ; le feu prend à sa robe et tout-à-coup sa robe flambe.

4. En un instant, les flammes atteignent les mains, la figure, tout le corps de la petite imprudente. Elle s'écrie : « *Au feu ! je brûle ! maman !* »

5. Sa mère était occupée dans la cuisine. Elle entend les cris ; elle pense que c'est encore une espièglerie, un mensonge, et elle ne se presse pas de monter.

6. Mais les cris d'Ernestine redoublent et deviennent déchirants ; or madame Martin quitte son ouvrage et accourt.

7. Quel horrible spectacle s'offre à elle! En pénétrant dans la chambre, elle voit sa fille tout en feu, qui se roule sur le plancher...

8. La malheureuse mère reste un instant immobile et défaillante ; mais, ayant repris ses sens, elle se précipite sur son enfant et parvient à étouffer le feu.

9. Elle appelle du secours ; on arrive, on s'empresse ; mais tout d'abord on croit Ernestine morte. Cependant elle n'est pas morte.

10. Après avoir donné à Ernestine tous les soins possibles, on finit par la rappeler à la vie. Elle est brûlée sur toute la surface du corps, la figure surtout.

11. Ernestine guérira sans doute ; mais elle portera les marques du feu toute sa vie. Elle était belle, elle ne le savait que trop ; maintenant elle sera laide, mais peut-être sera-t-elle meilleure, plus modeste et plus sage.

12. Enfants, reconnaissons le châtiment de Dieu dans cet accident. Dieu a été sévère ; il a voulu que la méchante petite fille restât victime toute sa vie, victime de ses mensonges, de ses espiègleries.

13. Que chacun de vous, mes amis, se garde bien de mentir : *Le mensonge est un vice odieux*.

14. Les suites du mensonge sont presque toujours

funestes. Le menteur est détesté de tout le monde : *On ne croit pas à ce qu'il dit, quand même il dit vrai.*

SERAIS-TU CONTENT, SI L'ON PRENAIT CE QUI EST A TOI?

1. Eugène était un petit bonhomme de huit ans, qui allait à l'école chez l'instituteur du village. Un matin qu'il était arrivé de bonne heure en classe, il resta seul pendant quelques instants.

2. Seul, ne sachant trop que faire, Eugène s'avisa de fouiller dans la case de Ferdinand. Il avait tort, car un élève, dans une école, ne doit jamais se permettre de toucher aux affaires de ses camarades.

3. Ferdinand avait laissé sa toupie au fond de sa case, et Eugène ne manqua pas de l'y trouver. La toupie lui fit envie, au point qu'il résolut de s'en emparer.

4. Eugène se dit : « Je vais la mettre dans ma poche, sous mon mouchoir, et ce soir je l'emporterai. Je la montrerai à mes parents; je leur dirai que je l'ai trouvée sur la route, et que je ne sais à qui elle est. »

5. « Plus tard, je l'apporterai en classe pour m'amuser. Ferdinand ne pensera plus à sa toupie. Au surplus, je la défigurerai un peu, afin qu'il ne puisse pas la reconnaître. »

6. Le plan du vol qu'Eugène allait commettre, n'était pas trop mal combiné; mais avant de l'accomplir, il réfléchit, et ses réflexions portèrent d'heureux fruits.

7. « Mais Ferdinand va venir, se dit Eugène; il voudra prendre sa toupie pour jouer et il ne la trouvera pas. »

8. « Alors Ferdinand demandera à l'un, à l'autre, s'il n'a point vu sa toupie : Pourrai-je dire sans rougir que je ne l'ai pas vue, moi, qui l'aurai dans ma poche?»

9. Eugène raisonna encore et finit par conclure qu'il ferait très-mal de prendre la toupie de son camarade.

10. « Car enfin, pensa-t-il, je suppose que la toupie soit à moi : serais-je content, si on me la prenait? Non sans doute, non vraiment; j'en voudrais au voleur, je le maudirais. »

11. « Je laisse donc la toupie de Ferdinand; la prendre serait un vol. Je ne veux prendre la toupie qui est à mon camarade, pas plus que je ne voudrais que mon camarade prît la toupie qui serait à moi. »

12. Eugène se garda bien de prendre la toupie, mes amis; il n'y toucha pas. Il avait eu le temps de la réflexion; il raisonna et reconnut qu'il est abominable de s'emparer de ce qui est à autrui.

13. Eugène, en un mot, comprit que, puisqu'il ne voulait point qu'on prît ce qui était à lui, il ne devait pas prendre ce qui était aux autres.

14. Admirons la conduite du brave Eugène, mes

enfants. Je vous recommande d'agir, en pareille circonstance, comme il le fit.

15. Que chacun de vous, s'il est quelquefois tenté de s'emparer de ce qui appartient aux autres, se dise : *Serais-je content, si l'on prenait ce qui est à moi?*

16. Remarquons, d'un autre côté, l'énormité de la faute d'Eugène, s'il avait pris la toupie de Ferdinand. D'abord, il aurait commis un vol; ensuite, pour cacher ce vol, il lui aurait fallu faire mensonge sur mensonge, tromperie sur tromperie.

RÈGLES.

DANS QUEL CAS TELLE LETTRE EST NULLE; — DANS QUEL CAS TELLE LETTRE CHANGE DE VALEUR.

Les difficultés sérieuses de la lecture forment trois classes distinctes, *savoir* :

1re *classe* : Les difficultés que présentent les *sons* et *articulations bigrammes* (1).

2me *classe* : Les difficultés que présentent les lettres *nulles*, ces lettres qui, entrant dans la formation d'un mot, n'ont aucune valeur dans la prononciation, de sorte que le mot se lit comme si elles n'y étaient pas.

3me *classe* : Les difficultés si variées que présentent les lettres à *valeur exceptionnelle*, ces signes (sons comme articulations) qui, dans certains cas, ont abandonné leur valeur ordinaire pour prendre la valeur de tels autres signes.

---

(1) Il est sérieusement difficile à l'enfant d'apprendre ces sons et ces articulations, car les lettres qui représentent le son ou l'articulation ont chacune leur valeur, valeur que l'enfant connaît; or, réunies ces lettres n'ont qu'une valeur unique, laquelle n'a en général aucun rapport avec la valeur particulière de l'une ou de l'autre : voilà précisément ce qui constitue la difficulté.

LETTRES NULLES.

§ 1.

1° Dans le mot *les*, *e* prend la valeur de *é*, et *s* est nul : on prononce *lé*. Il en est de même pour tous les monosyllabes de ce genre : *des*, *mes*, *ses*, etc.

2° Dans *il est*, *e* prend la valeur de *ê*, et les deux articulations *s*, *t* sont nulles : on prononce *il ê*.

3° *et* se prononce *é :* *e* a la valeur de *é*, et *t* est nul.

4° Les articulations *s*, *x*, *t*, *d*, *c*, *g*, *p*, *b*,… sont généralement nulles à la fin des mots ; il n'y a qu'un petit nombre d'exceptions. Par exemple, les lettres finales des mots suivants sont nulles : *les paroles, nous parlons, les chevaux, le prélat, un bavard, un champ, l'étang, du tabac, le plomb.*

5° *e* est toujours nul à la fin du mot, après un son ; ex. : *amie, proue, foie, fée, poupée.*

§ 2.

1° Les articulations *t*, *s*, consécutives, *ds*, *gs*, *ps*, *gts*, terminant le mot, sont généralement nulles ; ex. : *des gants, des fonds, les champs, les étangs, quatre-vingts.*

2° *es* terminant le mot, après un son, est toujours nul ; ex. : *des manies, les armées, les roues, les oies.* On prononce ces mots, comme si *es* n'y était pas : *des mani, les armé*, etc.

§ 3.

1° *nt* est nul à la fin de certains mots (des verbes, aux 3mes personnes plurielles où ces deux articulations sont précédées de *e*) (1); ex.: *ils parlent, les enfants tombent, ils chantèrent.* On prononce comme si *nt* n'y était pas: *ils parle, ils chantère,* etc. (*t* seulement est nul dans les autres mots terminés par *nt*; ex.: *parlement, clairement, ils sortiront*).

2° *ent* est nul à la fin du mot, après un son, (ce qui n'a lieu que dans les verbes, aux 3mes personnes plurielles de certains temps); ex.; *ils savaient, qu'ils voient, ils suppléent.*

§ 4.

Deux mots consécutifs, dont le premier se terminant par une *articulation*, et l'autre commençant par un *son*, doivent généralement être unis dans la lecture, si toutefois ils ne sont séparés par aucun signe de ponctuation ou qu'il ne doive être observé aucun repos entre eux. On fait la liaison des deux mots par l'*articulation* finale du premier et le *son* initial du second, en lisant absolument comme si les deux mots n'en formaient qu'un seul. Dans ce cas, il est bien entendu que l'articulation finale cesse d'être nulle si elle l'était.

1° Si le premier mot se termine par un *s* ou un *x*, le s ou le *x* agit comme un *z* sur le son initial du second; ex.: *trois amis, deux enfants;* on lit comme s'il y avait *troizamis, deuzenfants.*

2° Si le premier mot se termine par un *d*, le *d* agit ordinairement comme un *t* sur le son initial du second; ex.: *un grand arbre;* on lit comme s'il y avait *un grantarbre.*

---

(1) On comprend que, de quelque manière que ce soit, cette règle ne peut être formulée à des enfants qui apprennent à lire. Tout ce qu'on peut leur dire à ce sujet, c'est que *nt* est nul, toutes les fois que le mot terminé par *ent* est précédé de *ils* ou *elles*: mais de cette manière, on n'embrasse pas la totalité des cas.

5° Si le premier mot se termine par un *f*, le *f* agit ordinairement comme un *v* sur le son initial du second mot ; ex.: *neuf ans*; on lit comme s'il y avait *neuvans*.

Lorsque l'articulation finale n'est pas nulle, la liaison se fait tout naturellement ; ex : *un cheval égaré*, *courir au jardin*.

Il est à remarquer que toute liaison possible n'est pas permise ; ex.: *un fusil armé*, *montrer le poing à quelqu'un* ; ici, on ne dira pas *un fusilarmé*, *montrer le poingà quelqu'un*. La liaison ne se fait pas non plus dans certains autres cas qui ne peuvent guère être précisés, et **que l'usage seul fait connaître**.

§ 5.

h n'étant pas immédiatement précédée de *c* ou de *p*, est toujours nulle ; ex. : *humeur*, *rhume*, *haricots*, *théâtre*, *cohorte*. On prononce ces mots comme si *h* n'y était pas.

Mais *h*, formant avec *c* l'articulation bigramme *ch*, ou avec *p* l'articulation bigramme *ph*, ne doit pas être considérée comme nulle, bien que, dans l'un et l'autre cas, elle ne produise par elle-même aucun effet dans la prononciation.

h jointe à *c* est quelquefois nulle (c'est-à-dire qu'elle ne forme pas toujours avec *c*, quoique y étant jointe, l'articulation bigramme *ch*) :

1° *h*, précédée de *c*, est nulle lorsqu'en même temps elle est suivie d'une articulation ; ex.: *chronique*, *christ*, *chlore*; on prononce *cronique*, *crist*, *clore*.

2° *h*, précédée de *c*, quoique n'étant pas en même temps suivie d'une articulation, est nulle encore dans des cas qui ne peuvent être précisés, mais qui sont peu nombreux; ex.:

7.

choléra, *archéologue*, *archange*; on prononce ces mots comme si *h* n'y était pas.

Remarquons que la lettre *h*, au commencement d'un mot, n'empêche la liaison de ce mot au mot précédent, terminé par une articulation, que lorsqu'elle est aspirée. (Elle est aspirée lorsque le son auquel elle est jointe doit se prononcer avec aspiration).

§ 6.

Dans les mots tels que *carosse*, *canne*, *appeler*, où il se trouve deux articulations pareilles de suite, la première de ces articulations est ordinairement nulle.

Cette règle présente quelques cas d'exception, ainsi :

1° Les *r*, par exemple, se font sentir l'une et l'autre dans *il mourra*, *je courrais*, *tu parcourras*.

2° Le premier *m*, le premier *c*, le premier *g* ne sont pas nuls dans *emmener*, *accident*, *suggérer*. (Il sera parlé plus loin des cas d'exception pour le *c* et pour le *g*, ces cas pouvant être précisés).

§ 7.

6° Les syllabes telles que *main*, *faim*, *pain*, se prononcent comme si *a* n'y était pas : *min*, *fim*, *pin*.

2° Les syllabes telles que *rein*, *pein*, *sein*, se prononcent comme si *e* n'y était pas : *rin*, *pin*, *sin*.

5° Les syllabes telles que *deau*, *veau*, *teau*, se prononcent comme si *e* n'y était pas : *dau*, *vau*, *tau*.

Ainsi *a*, précédant le son *in*, est nul; *e*, précédant le son *in*, est nul; *e*, précédant le son *au*, est nul; et en général *e* s'annule devant un son quelconque.

§ 8.

u est presque toujours nul dans les syllabes telles que *gua*, *gué*, *gueur*, *gui*, où, précédé de *g*, il est suivi d'un son ; on prononce ces syllabes comme si *u* n'y était pas, *g* conservant sa valeur ordinaire.

EXCEPTIONS :

1° La syllabe *gui* du mot *aiguille* fait exception à cette règle : ici *gui* est diphthongue (c'est-à-dire que *u* se fait sentir dans la prononciation de cette syllabe). Il en est de même pour les mots *aiguillon*, *aiguiser* et les dérivés : *u* n'est pas nul dans *gui*. Ce sont là à peu près les seules exceptions de ce genre.

2° Dans certains noms propres tels que *Guadiana*, *Guadalquivir*, la syllabe *gua* se prononce *goua* : *u* change de valeur, mais il n'est pas nul.

§ 9.

1° Dans le mot *monsieur*, *o* se prononce faiblement, *n* est nul, *r* est nul : on prononce *mo-sieu*.

2° *e* est nul dans les temps du verbe avoir, où il se trouve suivi de *u* ; ex.: *j'eus, il eut, il a eu, nous eûmes, qu'ils eussent*; on prononce : *j'u, il u, nous ûmes, qu'ils ussent*.

3° *e* est généralement nul dans le corps du mot, après un son ; ex.: *je prierai, dévouement, il suppléera ;* on prononce ces mots comme si *e* n'y était pas.

4° *p* est quelquefois nul dans le corps du mot, suivi de *t* ; ex.: *baptême, mécompte ;* on prononce : *batême, mécomte.*

Exception à cette règle : *p*, suivi de *t* ayant la valeur de *s*, comme dans *acception, corruption, inscription*, n'est pas nul. Il y a d'autres exceptions.

(*h* précédée de *c*, nulle quelquefois, voir § 5).

5º Dans le mot *automne*, dans le mot *damner* et ses dérivés *damnation*, *condamné*, etc., *m* est nul.

6º *o* est nul dans *paon*, *Laon*, *faon* ; on prononce *pan*, *Lan*, *fan*. *a* est nul dans *taon* ; on prononce *ton*.

7º *c*, suivi de l'articulation bigramme *qu*, comme dans *acquérir* et ses dérivés, est nul ; on prononce *aquérir* comme si le *c* n'y était pas.

LETTRES A VALEUR EXCEPTIONNELLE.

§ 10.

g à la valeur de *j*, toutes les fois qu'il est suivi de l'un des sons *e*, *é*, *è*, *i*. Ainsi les syllabes *gé*, *gi*, *gen*, *geu* se prononcent *jé*, *ji*, *jen*, *jeu*.

REMARQUES :

1º Les syllabes telles que *gea*, *geo*, *geai*, se prononcent *ja*, *jo*, *jai* : *e* est nul, mais *g*, comme étant suivi de ce son, garde sa valeur exceptionnelle.

2º De deux *g* consécutifs, le premier n'est pas nul si le second prend sa valeur exceptionnelle, comme dans *suggérer*, *suggestion* ; on prononce comme s'il y avait *sug-jérer*, *sug-jestion*.

§ 11.

c a la valeur de *s*, toutes les fois qu'il est suivi de l'un des sons *e*, *é*, *è*, *i*. Ainsi les syllabes *cè*, *ci*, *ceu*, *cen* se prononcent : *sè*, *si*, *seu*, *sen*.

REMARQUES :

1º De deux *c* consécutifs, le premier n'est pas nul si le second est suivi de l'un des sons *e*, *è*, *i*, comme dans *accident*, *accès*:

dans ce cas, le premier conserve sa valeur ordinaire et le second prend sa valeur exceptionnelle; on prononce comme s'il y avait *ac-sident*, *ac-sés.*

2° Dans le cas de *s* et *c* consécutifs, comme dans *disciple, scène,* – *c,* ayant sa valeur exceptionnelle, – *s* devient nul, car alors le cas est le même que celui de deux *s* consécutifs : on prononce donc *disciple, scène,* comme s'il y avait *diciple, cène.*

Mais *s* ne saurait être nul dans *scapulaire,* par exemple, attendu qu'ici l'articulation *c* a sa valeur ordinaire.

3° Les syllabes telles que *cein, ceau* se prononcent *sin, sau* : *e* est nul, mais *c,* comme étant suivi de ce son, prend sa valeur exceptionnelle.

§ 12.

c cédillé (ayant une cédille) a la valeur de *s.* Ainsi les syllabes *ço, ça, çu, çons* se prononcent *so, sa, su, sons.*

§ 13.

e articulé, – *el, er, ex,* comme dans *Elbe, ermite, extra,* – a la valeur de *è* : on prononce *èl, èr, èx.* Conséquemment les syllabes formées du son *e* articulé, telles que *pel, ver, lec, tex.....,* comme dans *appel, lecteur, vertu, texte.....;* se prononcent comme s'il y avait *é* au lieu de *e* : *pél, vér, léc, tèx.*

§ 14.

e a la valeur de *è,* lorsqu'il est suivi d'une articulation composée. Ainsi les mots *geste, esprit, escadre, trimestre,* se prononcent comme s'il y avait *gè-ste, è-sprit, è-scadre, trimè-stre.* Dans ces mots, étant suivi des articulations composées *st, spr, sc, str, e* prend la valeur de *è.*

Du reste, on peut dire, règle générale, que *e* prend la valeur de *è* toutes les fois qu'il est suivi au moins de deux articulations consécutives, identiques ou non; ex.: *belle, serpe, veste, violette, séquestre.*

§ 15.

e, suivi de deux articulations identiques, a la valeur de *è* (d'après ce qui a été dit au paragraphe précédent), et la première de ces deux articulations est nulle (d'après le paragraphe 12); ex.: *belle, mienne, Dieppe*; on lit comme s'il y avait *bèle, miène, Dièpe.*

Cette règle présente quelques cas d'exception qui seront mentionnés au paragraphe 25.

§ 16.

Dans les mots terminés par *et*, comme *bouquet, poulet, crochet, furet,* les syllabes finales *quet, let, chet, ret,* se prononcent *què, lè, chè, rè*: *e* prend la valeur de *è*, et *t* est nul.

Ainsi *e*, suivi de *t* à la fin du mot, a la valeur de *è*, et *t* est nul.

§ 17.

Dans les mots terminés par *ez*, comme *tenez, entrez, manquez, veniez,* les syllabes finales *nez, trez, quez, niez* se lisent comme s'il y avait *né, tré, qué, nié* : *e* prend la valeur de *é*, et *z* est nul.

Ainsi *e*, suivi de *z* à la fin du mot, a la valeur de *é*, et *z* est nul.

§ 18.

Dans les mots terminés par *er*, comme *parler*, *marcher*, *prunier*, *berger*, les syllabes finales *ler*, *cher*, *nier*, *ger* se lisent comme s'il y avait *lé*, *ché*, *nié*, *gé* : *e* prend la valeur de *é*, et *r* est nul.

Ainsi *e*, suivi de *r* à la fin du mot, a la valeur de *é*, et *r* est nul. Cette règle est presque générale : n'y font exception que les monosyllabes *mer*, *ver*, *cher*, *fer*, et quelques autres mots très-rares, *amer*, par exemple.

REMARQUE :

Les articulations *t*, *z*, *r* ne sont nulles à la fin des mots, après le son *e*, que lorsqu'il ne peut ou ne doit y avoir de liaison entre les mots terminés par *et*, *ez*, *er* et le mot suivant; quand la liaison doit se faire, ces articulations cessent d'être nulles (comme il a été dit au paragraphe 4).

§ 19.

e, suivi de *x*, a la valeur de *è* ou *é*; ex. : *complexe*, *exiger*, *Alexandre*, *excentrique*, *exhorter*.

REMARQUE :

L'articulation *x*, dont la valeur ordinaire équivaut à une articulation composée *cs*, prend quelquefois la valeur d'une autre articulation composée *gz*.

x prend sa valeur exceptionnelle (c'est-à-dire se prononce *gz*), toutes les fois que, précédé de *e*, au commencement du mot, il est suivi d'un son quelconque ou de la lettre *h*; ex.: *exiger*, *exaucer*, *exhorter*; on prononce ces mots comme s'i y avait *é-gziger*, *é-gzaucer*, *é-gzhorter*.

Cette règle ne semble pas s'étendre au même cas, se présentant dans l'intérieur du mot. Ainsi *Alexandre*, *Alexis* se lisent comme s'il y avait *Alé-csandre*, *Alé-csis*, et non *Alé-gzandre*, *Alé-gzis*.

Dans les mots tels que *exciter*, *excentrique*, *excédant*, où *x* se trouve suivi de *c* ayant la valeur de *s*, *c* est nul et *x* conserve sa valeur ordinaire : on lit ces mots comme s'il y avait *é-xiter*, *é-xentrique*, *é-xédant*.

§ 20.

Le son composé *ien* se prononce généralement *i-in*, et conséquemment les diphthongues telles que *bien*, *cien*, *mien*, *vient* se lisent comme si, au lieu de *e*, il y avait *i* : *bi-in*, *ci-in*, *mi-in*, *vi-int*.

On peut donc dire, règle générale, que *en* prend la valeur de *in*, toutes les fois qu'il est précédé de *i* (et même de *é*, ex.: *vendéen*, *européen*. (Il n'y a que quelques rares exceptions à cette règle, par exemple : *inconvénient*, *expédient*.

§ 21.

t, suivi de *i*, prend quelquefois la valeur de *s* ; ex.: *nation*, *partial*, *capétien*, *prophétie*, *nationale*, *partiel* ; on prononce ces mots, comme s'il y avait *s* au lieu de *t*, *na-sion*, *par-sial*, *capé-sien*, *prophé-sie*, *na-sionale*, *par-siel*.

Remarques :

1° Les diphthongues finales *tiel*, *tial*, se prononcent *siel*, *sial* (excepté cependant dans *bestial*).

2° *tion* se prononce *sion*, dans la presque totalité des substantifs terminés par cette diphthongue. Il n'y a d'exception que pour les substantifs en *stion* (c'est-à-dire pour ceux où *s*, précédant *t*, forme avec cette lettre l'articulation composée *st*); dans ce cas, *t* conserve sa valeur ordinaire; ex.: *combustion, congestion, digestion, bastion.*

3° *t* conserve sa valeur ordinaire dans *tions*, aux premières personnes plurielles des verbes terminés par cette diphthongue; ex.: *nous partions, nous achetions.*

§ 22.

s prend la valeur de *z*, dans le corps du mot, toutes les fois qu'il se trouve entre deux sons monogrammes (deux voyelles simples), ex.: *rose, cerisier, raisin, rasoir*; on prononce ces mots comme si, au lieu de *s*, il y avait *z* : *roze, cerizier*, etc.

Cette règle souffre quelques exceptions assez rares.

§ 23.

y entre deux voyelles a toujours la valeur de deux *i*, le premier *i* formant le plus souvent un son bigramme avec la voyelle qui précède, le second formant un son composé avec le son simple qui suit; ex.: *payant, j'essayai, vous voyez, moyen*; on prononce ces mots comme s'il y avait *pai-iant, j'essai-iai, vous voi-iez, moi-ien.*

Il résulte de cette règle que, lorsque des deux voyelles entre lesquelles *y* se trouve, la seconde est *i* (ce qui a lieu dans les verbes terminés au participe présent par *yant*, à la 1re et à la 2me personne plurielle de certains temps), on prononce comme s'il y avait trois *i* de suite; ex.: *voyions, payiez*; on prononce comme s'il y avait *voi-i-ions, pai-i-iez.*

REMARQUE :

y, quoique n'étant pas entre deux voyelles, a la valeur de deux *i* dans le mot *pays* et ses dérivés *paysan, paysage*, etc.

§ 24.

1° *i* précédé du son *e* ou d'une articulation, et en même temps suivi d'un double *l* (*ll*), doit être considéré comme servant deux fois : — précédé de la lettre *e*, il forme avec cette lettre le son bigramme *ei*; — précédé d'une articulation, il forme avec cette articulation une syllabe; et, dans l'un et l'autre cas, joint en même temps au double *l* (*ll*), il complète l'articulation bigramme *ill*. Autrement dit, les mots tels que *abeille*, *bouteille*, *béquille*, *pillage* se lisent comme s'il y avait *abei-ille*, *boutei-ille*, *béqui-ille*, *pi-illage*.

Cette règle a quelques exceptions, mais très-rares : le mot *ville* et ses dérivés en offrent deux ou trois.

2° **Les syllabes finales**, formées par le son *ail*, *euil*, *eil*, telles que *vail*, *reuil*, *meil*; se prononcent comme s'il y avait *va-ill*, *reu-ill*, *mei-ill*.

Dans les deux premières syllabes, *il*, partie de l'articulation *ill*, se complète dans la prononciation; dans la troisième, *i* peut être considéré comme servant deux fois : d'abord se joignant à *e*, il forme avec cette lettre le son *ei*, puis se joignant à *l*, il forme *il*, partie de l'articulation *ill*, qui se complète dans la prononciation; ou bien on peut considérer que *i* sert seulement à former le son *ei*, et que *l* final est mouillé.

3° **Dans les mots** *grésil*, *babil*, *avril*, *péril*, *mil*, l'articulation *l* est mouillée : on doit la considérer comme ayant seule la valeur de *ill*, et lire ces mots comme s'il y avait *grési-ill*, *babi-ill*, etc. Ce sont là à peu près les seuls mots où *l* final soit mouillé.

Dans les autres mots terminés par *il*, *l* est nul dans quelques-uns, et il se fait sentir (ayant sa valeur ordinaire) dans les autres.

§ 25.

1° Les syllabes finales *gueil*, *cueil* (dans *orgueil*, *accueil*) se prononcent comme s'il y avait *gueu-ill*, *queu-ill*. De même les syllabes *guei*, *cuei*, dans le corps du mot (*orgueilleux*, *recueillir*); se prononcent comme s'il y avait *gueu*, *queu*.

2° *e*, suivi de deux *m* consécutifs, dans le corps du mot, a la valeur de *a*; ex.: *femme*, *prudemment*; on lit comme s'il y avait *famme*, *prudamment*.

3° *e*, suivi d'un double *n*, a la valeur de *a* dans *hennir*, *solennel* et leurs dérivés.

4° *x* a la valeur de *ç* dans *soixante*, *Bruxelles*, *Auxerre* et leurs dérivés : on lit comme s'il y avait *soiçante*, *Bruçelles*, *Auçerre*.

5° *x* a la valeur de *z* dans *sixième*, *dixième* et leurs dérivés: on lit comme s'il y avait *sizième*, *dizième*.

6° Le tréma (deux points) sur une voyelle indique que cette voyelle ne forme pas son bigramme avec la voyelle qui précède, et que, par conséquent, les deux voyelles doivent être prononcées séparément ; ex.: *égoïste*, *stoïque*, *Saül*; on lit comme s'il y avait *égo-iste*, *sto-ique*, *Sa-ul*.

Le tréma sur l'*e* précédé de *gu*, à la fin du mot, comme dans *ciguë*, *contiguë*, *aiguë*, indique que l'*u* n'est pas nul (nous avons vu que *u* est d'ordinaire nul entre l'articulation *g* et un son).

7° La syllabe *qua* se prononce *coua*, dans des cas que l'on ne peut préciser, par exemple, dans *quadrilatère*, *quatuor*, *équateur*: on lit comme s'il y avait *couadrilatère*, *couatuor*, etc.

8° Les syllabes finales formées par le son *um*, telles que *bum*, *tum*, *mum*, comme dans *album*, *factotum*, *maximum*, se lisent comme s'il y avait *bome, tome, mome*, e étant muet. Ainsi, le son *um*, à la fin du mot, a la valeur du son *o*, articulé par *m* (*om*).

9° Dans certains mots, tels que *stagnant, gnostiques, ignition*, les deux articulations *g, n* forment une articulation composée et non une articulation bigramme : la valeur particulière de chacune se fait sentir, et on lit comme s'il y avait *stag-nant, gue-nostique, ig-nition*.

10° Double *v (w)*, au commencement du mot, a la valeur du son *ou* prononcé faiblement, dans des cas qui ne peuvent être précisés. Ainsi, *wigt, wagon* par exemple, se lisent comme s'il y avait *ouigt, ouagon*, tandis que *Wéner, Westphalie*, se lisent comme si le *v* était simple.

11° *c* a la valeur de *g* dans *second* et ses dérivés *secondaire, seconder* : on lit comme s'il y avait *segond, segondaire*, etc.

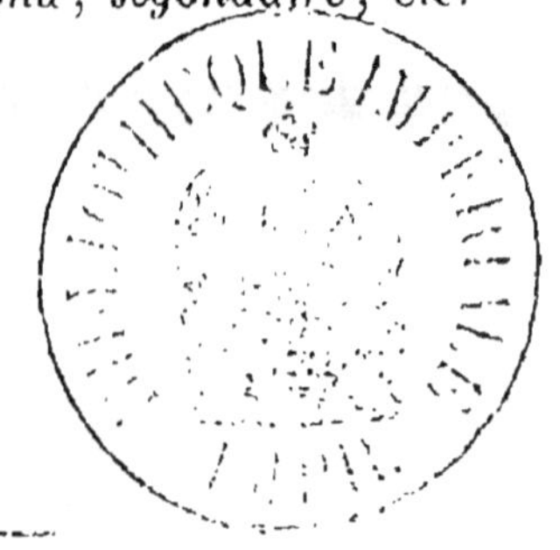

OUVRAGE DU MÊME AUTEUR

SYSTÈME MÉTRIQUE

DES ENFANTS.

St-Maixent, Imp. de Reversé.